**UGLY
CUTE**

쁘띠 솜사탕
연구실

ILLUST LAB

글·그림 어글리큐트

온행나무

차례

꿈 ♥ 7

소녀 ♥ 25

동화 ♥ 51

달콤하게 ♥ 71

움 ♥ 89

WHO ARE THEY ♥ 105

소녀가 무엇으로
이루어져 있을거라고 생각해?

What are little girls made of?

Sugar and Spicy

And all that's nice

That's what little girls are made of

Mother goose

Dolly Girl

Frills and Lace

Fairy Tale

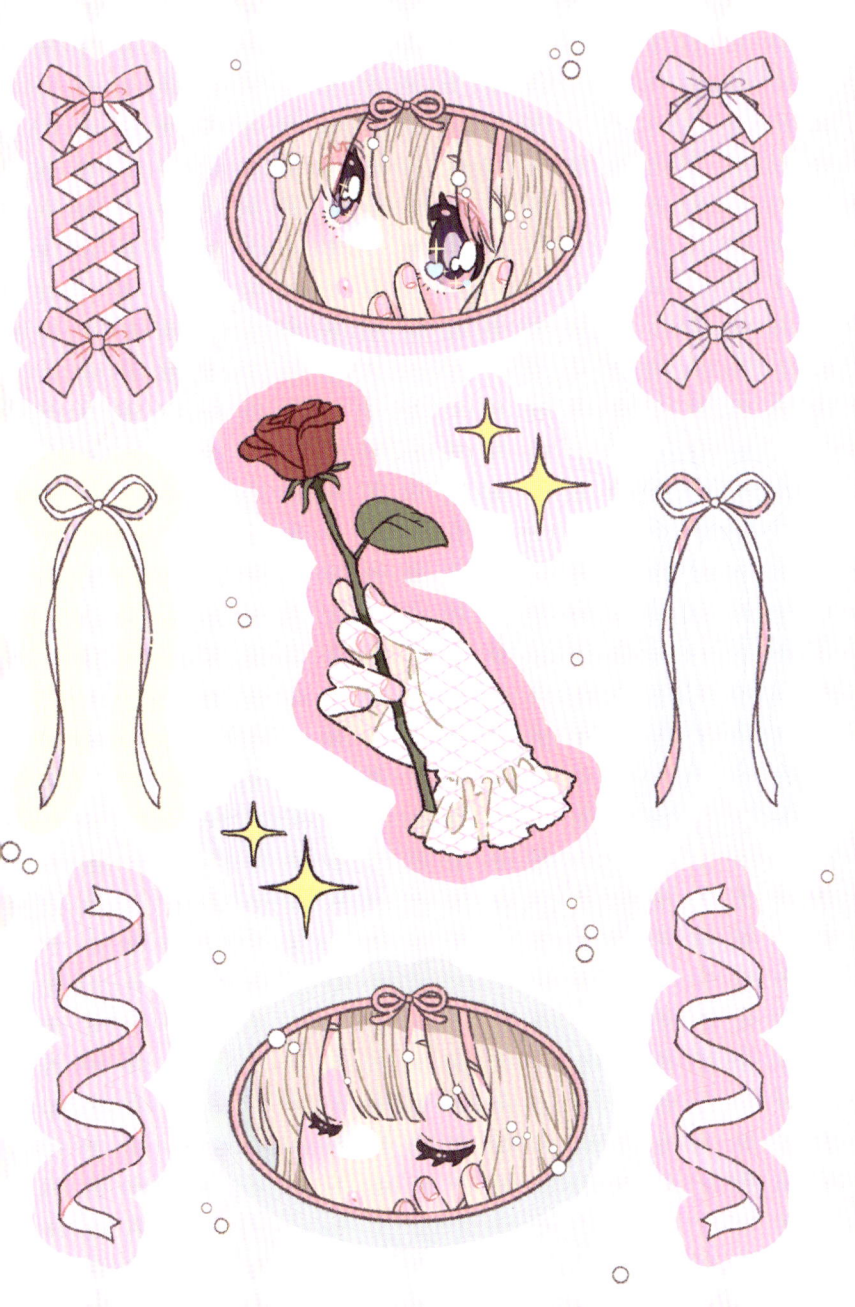

Happy Ending

Happy Ending

소녀

우리가 해야 하는 일은 아주 많아.
늦잠을 자고 일어나 동생이랑 싸우기도 하고.
예쁘게 꾸미고 친구를 만나 수다도 떨지.

The Bell and The Cat

The Bell and The Cat

Pussycat

Makeover

Sleeping Beauty

Twintail girls

Surprise

Cinderella

Puss in Boots

동화

동화 속에서 시계토끼를 쫓아가기도 하고.
이빨을 훔치기도 하고.
사랑의 장난도 칠 거야.

Cupid

The Blue Bird

Tooth fairy

Alice in wonderland

Alice in Wonderland

Snow Queen

Magical Angel

Little Red Riding Hood 01

Little Red Riding Hood 02

Happy Ending

Happy Ending

달콤하게

달콤한 것이라면 뭐든 좋아.
마법의 약을 몰래 쿠키에 넣어보고.
과일 칵테일로 파티도 열 수 있거든.

The Witch's Cookies 01

The Witch's Cookies 02

Fruit Cocktail 01

Fruit Cocktail 02

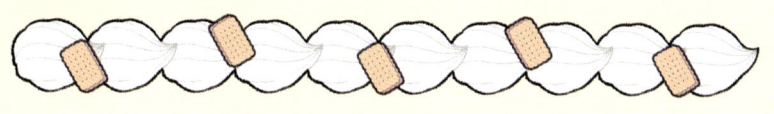

Happy Snack Time

Sugar and Spicy 01

Sugar and Spicy 02

Happy Ending

Happy Ending

하지만 가끔
소녀는 아주 무서우니까
조심해야 돼.

The Secret Garden

The Secret Garden

The Red Shoes

The Red Shoes

Bluebeard

Happy Ending

THE GIRL WHO I AM

나쁜 '소녀'는 거짓말을 아주 잘해

'나는 너를 싫어해'
'나는 너를 미워해'
'나는 너에게 나쁜 것만 할 거야'
'나는 나쁜 아이야'

거짓말을 할 때마다
작고 까만 뿔이 돋아난 소녀는
날카로운 송곳니와 손톱으로
자신의 몸에 상처를 내고는
울지도 못하고

그게 바로 너야

THE GIRL WHO I AM

뾰족뾰족한 침대가 아니면 잘 수 있어
계속 잘 수 있다면 좋겠지만
누군가는 나를 깨우러 오겠지

하얗게 물든 세상에
아무리 뾰족뾰족하게 날카로워져도
누군가 오면 무뎌질 거야

외롭고 싶어도 외로워지지 않게

다시 올 누군가를 위해 마법을 풀고
웃으며 맞을 준비를 해야지

포근한 것은 꿈만이 아니라고
가르쳐 줄 누군가를 위해

THE GIRL WHO I AM

아주 많이 감추고
아주 많이 덮고
아주 많이 숨겨야만

나갈 수 있을 것 같아

되도록 예쁜 것들로
하늘하늘하고 포근한 것들로

보여주고 싶지 않은 나를 감추기 위해
보여주고 싶은 나로 꾸며낼 거야

하얗게 드러난 손톱도 감추고
막 씻고 나온 비누 향 위에 향수로 덮고

그런 나를 보고 있어

THE GIRL WHO I AM

하늘을 날 수는 없지만
날개로 따뜻하게 안아 줄 수 있어
활짝 펼쳐서 가려줄 수 도 있어

혹시 모르잖아

너를 괴롭히는
악당들이 나타나면

단 하나뿐인 마법으로
두 글자로 만들어진 마법으로

너만 지켜줄 나일 테니까

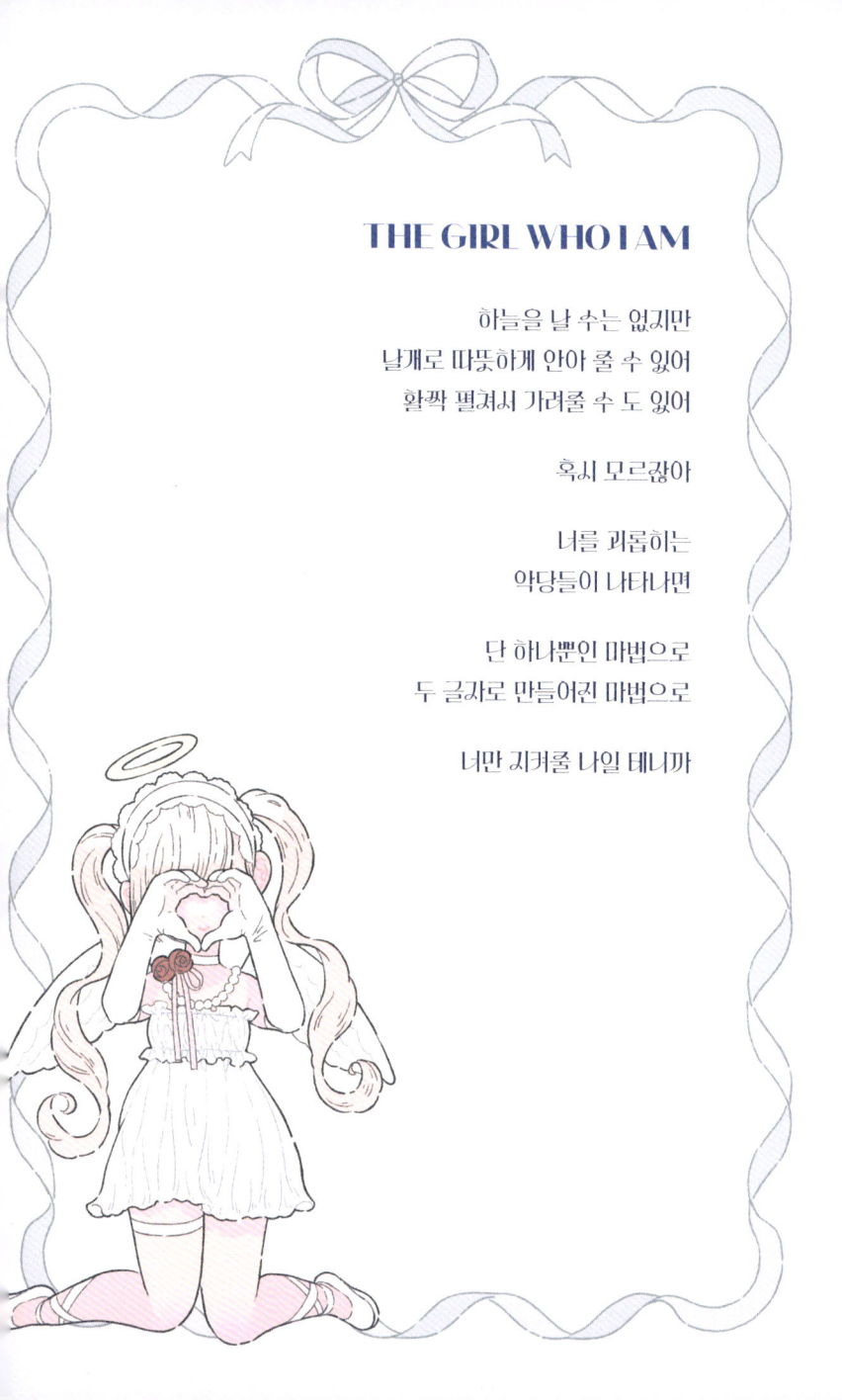

THE GIRL WHO I AM

방울은 싫어
시끄러운 방울은 싫어
내 목에 있는 방울이 너무 싫어

딸랑딸랑

울릴 때마다
내 귀를 시끄럽게 하는

이 방울이 너무 싫어
이 방울이 있어서 다들 나를 무서워해
나만 보면 도망가기 바쁜 뒷모습들이
보기 싫어

그래도

네가 준 첫 선물이니까
아무도 없을 때도 다가와 준
하나뿐인 친구의 선물이니까

오늘도 방울을 달고
너를 만나러 갈게

Ugly
Cute

Ugly Cute
신지혜

"신화부터 동화까지 상상 속 이야기를
가끔은 다른 시선으로 그리고 있습니다."

♥

2020년 일러스트레이터 활동을 시작하였으며,
그후 서울 일러스트레이션 페어 및 다양한 일러스트,
문구 관련 오프라인 행사에 참여했다.
현재는 작품 활동과 더불어 대학에서 학생들을
가르치고 있다.

인스타그램 @uglycute_mini

일러스트랩LAB
쁘띠 솜사탕 연구실

1판 1쇄 발행 2023년 12월 25일
1판 2쇄 발행 2024년 1월 24일

지은이 어글리큐트
기획 황혜린
펴낸이 주연선

(주)은행나무
04035 서울특별시 마포구 양화로11길 54
전화 02)3143-0651~3 ｜ **팩스** 02)3143-0654
신고번호 제 1997-000168호(1997. 12. 12)
www.ehbook.co.kr
ehbook@ehbook.co.kr

ISBN 979-11-6737-345-8 (13650)

- 이 책의 판권은 지은이와 은행나무에 있습니다. 이 책 내용의 일부 또는 전부를 재사용하려면 반드시 양측의 서면 동의를 받아야 합니다.
- 잘못된 책은 구입처에서 바꿔드립니다.